C. W. LEADBEATER

À ceux qui pleurent

Classiques Théosophiques

UNICURSAL

À CEUX QUI PLEURENT

La mort vient de vous ravir un être tendrement aimé — celui peut-être qui était ce que vous aviez de plus cher au monde — et le monde à présent vous paraît vide, il vous semble que la vie ne vaille plus la peine d'être vécue. Vous avez l'impression que la joie vous a fui à jamais, que, désormais, pour vous l'existence ne contient plus rien, si ce n'est une tristesse sans espoir ; rien, que le douloureux désir de retrouver le contact d'une main disparue, le son d'une voix qui s'est tue. Dans cette perte irrémédiable que vous venez de faire, c'est à vous surtout que vous pensez ; néanmoins il y a sans doute autre chose encore. Votre douleur est aggravée par l'incertitude dans laquelle vous êtes en ce qui concerne l'état actuel de votre bien-aimé : vous savez qu'il est parti, mais vous ignorez où il est allé. De tout votre cœur vous espérez que tout va bien pour lui ; cependant quand vous regardez autour de vous il y a le vide ; quand vous l'appelez, il ne répond pas. Et alors vous êtes terrassé par le désespoir et le doute dont le nuage vous voile le Soleil qui ne se couche jamais.

Votre sentiment est parfaitement naturel. Moi qui vous écris, je le comprends très bien et mon cœur est plein de compassion pour tous ceux qui sont affligés comme vous l'êtes. Mais j'espère être en mesure de vous offrir mieux que ma sympathie : j'espère pouvoir vous apporter aide et consolation. Des milliers de gens dans votre triste situation ont trouvé cette aide et cette consolation. Pourquoi n'en serait-il pas de même pour vous ?

"Mais, direz-vous, quel soulagement à ma douleur, quel espoir pourrait-il y avoir pour moi ?"

Il y a pour vous l'espoir d'apaisement, car votre chagrin est basé sur un malentendu : vous pleurez sur quelque chose qui, en réalité, n'est pas arrivé. Lorsque vous vous rendrez compte nettement de ce qui est la vraie réalité, vous cesserez de pleurer.

Vous dites : "Ma perte est une réalité. Comment, dès lors, pourriez-vous m'aider — à moins que vous ne me rendiez mes morts ?"

Je comprends parfaitement votre sentiment, mais je vous prie de patienter quelques instants et de tâcher de saisir trois propositions fondamentales que je vais vous exposer — dans leurs grandes lignes d'abord et ensuite en détail.

1. Votre perte n'est qu'apparente, et apparente à votre point de vue seulement. Je veux tâcher de vous amener à un point de vue différent. Votre souffrance est produite par une grande illusion, par l'ignorance des lois de la Nature : laissez moi vous guider vers la voie de la connaissance, en vous exposant quelques vérités fort simples que

vous pourrez ensuite étudier davantage, si bon vous semble.

2. Point n'est besoin d'éprouver de l'inquiétude ni de l'incertitude en ce qui concerne l'état de votre bien-aimé, car la vie qui suit la mort n'est plus un mystère. Le monde au delà de la tombe est régi par les mêmes lois naturelles que le monde visible que nous connaissons, et il a été exploré et étudié avec une précision scientifique.

3. Vous ne devez pas pleurer parce que votre tristesse fait mal à celui que vous aimez. Si vous réussissez à ouvrir votre esprit à la vérité, vous ne pleurerez plus.

Peut-être vous semblera-t-il que ce ne sont là que des assertions ; mais laissez-moi vous demander sur quelles bases vous fondez votre croyance actuelle, quelle qu'elle soit. Vous la croyez fondée sur ce qu'enseigne votre Eglise ou sur ce qui est censé être enseigné par quelque livre sacré ; ou bien encore vous partagez la croyance de votre entourage, l'opinion généralement acceptée à votre époque. Mais si vous essayez de dégager votre esprit de toute idée préconçue, vous verrez que cette opinion aussi ne repose que sur des assertions, car les diverses Eglises ont des enseignements différents et les paroles des livres saints peuvent être et ont été interprétées de façons diverses. L'opinion courante de votre temps n'est pas basée sur une connaissance précise ; c'est un ouï-dire pur et simple. Or, ces questions qui nous touchent de si près et si intimement, sont trop importantes pour demeurer de simples suppositions ou des croyances vagues : elles exigent la certitude que donne l'examen scientifique et précis des faits. Des investigations et des études de ce genre ont été pratiquées et ce sont leurs résultats que je désire vous exposer ici. Je ne demande pas de croyance aveugle ; j'expose ce que, par ma propre expérience, je sais être des faits, et je vous invite à les examiner.

Considérons une à une les trois propositions que je viens de vous soumettre. Afin de vous rendre le sujet plus clair, je dois vous donner sur la constitution de l'homme un peu plus de détails que n'en connaissent d'habitude ceux qui n'ont pas fait d'études spéciales à ce sujet.

Vous avez entendu dire vaguement que l'homme possède quelque chose d'immortel que l'on appelle l'âme, et l'on suppose que cette âme survit à la mort du corps. Je désire vous amener à rejeter cette assertion trop vague et à comprendre qu'elle est bien inférieure â la réalité. Ne dites pas : "J'espère que j'ai une âme", mais : "Je sais que je suis une âme". Car c'est là l'exacte vérité : l'homme est une âme et possède un corps. Le corps n'est pas l'homme lui même ; il n'en est que le vêtement. Ce qu'on nomme mort n'est que le fait de quitter un vêtement usé, et ce n'est pas plus la fin pour celui qui meurt que l'acte d'enlever votre pardessus n'est la fin pour vous-même. Il s'ensuit donc que vous n'avez pas perdu votre ami ; vous avez seulement perdu la vision du vêtement dans lequel vous étiez habitué â le voir. Le vêtement a disparu, mais l'homme qui le portait continue son existence et c'est â coup sûr l'homme et non le vêtement que vous aimez.

Avant de pouvoir comprendre l'état actuel de celui que vous aimez, il faut vous rendre compte du vôtre. Tâchez de vous pénétrer de cette idée que vous êtes un être immortel — immortel parce que d'essence divine, étincelle de la Flamme de Dieu même ; que vous avez vécu pendant des siècles sans nombre avant de revêtir ce vêtement qu'on nomme un corps, et que vous vivrez des siècles sans nombre après que ce corps sera tombé en poussière. "Dieu créa l'homme pour être une image de Sa propre éternité."

Ceci n'est ni une hypothèse ni une croyance pieuse : c'est un fait scientifique précis, susceptible de preuves ainsi que vous pourrez l'apprendre dans les livres traitant de ces sujets si vous voulez vous donner la peine de les lire (une liste de livres se trouve à la fin de cette brochure). Ce que vous avez été habitué à considérer comme votre vie n'est en réalité qu'une seule journée de votre vraie existence en tant qu'âme ; et il en est de même pour votre bien-aimé : lui-même n'est pas mort, il s'est simplement dépouillé de son corps.

Toutefois, il ne s'ensuit pas que vous deviez vous le représenter comme un souffle sans corps, ni comme étant, sous quelque rapport que ce soit, moins lui-même qu'il n'était auparavant. Ainsi que l'a dit saint Paul, il y a bien longtemps : "Il y a un corps naturel et il y a un corps spirituel". On comprend mal cette parole, car on pense à ces deux corps comme se succédant l'un à l'autre, sans se rendre compte que tous nous possédons ces deux corps dès à présent. Vous qui lisez ces lignes, vous avez aussi bien un corps "naturel" ou physique, que vous voyez, qu'un autre corps interne que vous ne voyez pas et que saint Paul nommait corps "spirituel". Et lorsque vous abandonnez votre corps physique, vous conservez cet autre corps plus subtil : vous vous trouvez revêtu de votre "corps spirituel". Si nous comparons le corps physique à un pardessus ou à un manteau, nous pouvons comparer le corps spirituel à l'habit ordinairement porté par l'homme sous son vêtement extérieur.

Si à présent cette idée vous est bien claire, avançons d'un pas encore, ce n'est pas seulement au moment de ce que l'on nomme la mort que vous abandonnez votre vêtement extérieur de manière dense : chaque nuit, en vous endormant, vous le quittez pour un temps, et vous errez de par le monde, revêtu de votre corps spirituel, invisible en ce qui concerne ce monde de matière dense, mais nettement visible à ceux qui, à ce même moment, se trouvent aussi revêtus de leur corps spirituel. Car chaque corps ne voit que ce qui appartient à son propre monde ; votre corps physique ne voit que d'autres corps physiques, votre corps spirituel ne voit que d'autres corps spirituels. Lorsque vous remettez votre pardessus — c'est-à-dire lorsque vous revenez dans votre corps dense et que vous vous éveillez en ce monde terrestre — il arrive parfois que vous avez quelque souvenir (d'habitude considérablement déformé) de ce que vous avez vu pendant que vous étiez ailleurs ; alors vous dites que vous avez fait un rêve très net. On peut, par conséquent, avancer que le sommeil est une sorte de mort temporaire, la seule différence étant que le vêtement extérieur n'est pas définitivement rejeté, mais peut être repris à n'importe quel moment. Il s'ensuit donc que pendant que vous dormez, vous vous trouvez dans la même condition que celle de votre bien-aimé. Ce qu'est cette condition, je vais à présent tâcher de vous l'expliquer.

En ce qui concerne la vie après la mort, bien des théories ont eu cours, dont la plupart étaient basées sur une fausse interprétation des Ecritures anciennes. Pendant un certain temps, l'horrible dogme des peines éternelles fut presque généralement adopté en Europe, bien que de nos jours il semble tomber en désuétude. Ce dogme se basait sur une traduction erronée de certaines paroles attribuées au Christ, et les moines du Moyen âge eurent grand soin d'entretenir cette croyance, épouvantail utile, qui servait à amener le peuple ignorant à bien agir par crainte de l'Enfer. A mesure que le monde fit des progrès en civilisation, les hommes commencèrent à comprendre qu'un tel dogme était non seulement blasphématoire, mais absurde. Aussi les théologiens modernes le remplacèrent-ils par des opinions plus raisonnables ; mais d'habitude, ces opinions sont vagues et fort éloignées de la simplicité des faits tels qu'ils sont en réalité. Toutes les Eglises ont été amenées à compliquer leurs doctrines, parce qu'elles avaient pris pour point de départ le dogme absurde et sans fondement aucun d'une Divinité cruelle et courroucée qui voulait nuire à son peuple. Elles ont tiré cette triste doctrine du Judaïsme primitif, au lieu d'adopter l'enseignement du Christ, que Dieu est un Père plein d'amour.

Ceux qui ont compris cette vérité fondamentale que Dieu est Amour et que Son univers est régi par des lois immuables et sages, ont commencé à se rendre compte que ces lois doivent exister dans l'au-delà tout autant qu'ici-bas. Mais même à présent encore, les croyances sont vagues. On nous parle d'un ciel lointain, d'un jour du jugement dans un avenir éloigné, mais on nous dit peu de choses de ce qui se passe dans le présent. Ceux qui enseignent ne songent même pas à posséder une connaissance personnelle des conditions de vie dans l'au-delà. Ils nous disent non pas ce qu'ils savent eux-mêmes, mais ce qu'ils ont entendu dire par d'autres. Comment cela pourrait-il nous suffire ?

La vérité est que le temps de la foi aveugle est passé ; nous vivons à une époque de connaissance scientifique et nous ne saurions plus accepter des idées contraires à la raison et au sens commun. Il n'y a aucune raison pour ne pas employer les méthodes scientifiques à élucider des problèmes jadis entièrement abandonnés à la religion ; de fait, ces méthodes ont déjà été appliquées ainsi par la Société Théosophique et la Société des Etudes Psychiques ; et c'est le résultat de ces études faites dans un esprit scientifique, que je désire vous exposer à présent.

Nous sommes des esprits, mais nous vivons dans un monde de matière — monde que néanmoins nous ne connaissons qu'en partie. Toute information que nous recueillons à son sujet nous arrive par l'intermédiaire de nos sens ; mais ces sens sont extrêmement imparfaits. Ainsi nous pouvons voir les corps solides ; d'habitude aussi nous voyons les liquides, à moins qu'ils ne soient d'une limpidité parfaite ; mais les gaz, dans la plupart des cas, nous sont invisibles. L'étude et les recherches ont démontré qu'il existe d'autres états de matière, plus subtils encore que le gaz le plus raréfié ; mais nos sens physiques ne les perçoivent pas et il nous est par conséquent impossible d'obtenir à leur sujet quelque information que ce soit par des moyens physiques.

Néanmoins, nous pouvons nous mettre en rapport avec ces états de matière ; nous pouvons les étudier, mais cela ne nous est possible qu'au moyen du "corps spirituel" auquel il a été fait allusion; car ce corps possède des sens, tout comme le corps physique. La plupart des hommes n'ont pas encore appris à s'en servir, cependant c'est une faculté qui peut être acquise. Nous savons qu'elle peut l'être, parce que cela a été accompli par certains hommes, et ceux-là se trouvent en mesure de voir bien des choses cachées à la vue de l'homme ordinaire. Ils apprennent ainsi que notre monde est bien plus merveilleux que nous ne l'avions jamais supposé; que, même après l'avoir habité depuis des milliers d'années, la plupart des hommes sont restés entièrement ignorants des aspects les plus élevés et les plus beaux de sa vie. Le domaine de recherches dont je parle a déjà donné des résultats aussi admirables que nombreux, et chaque jour des horizons nouveaux s'ouvrent à nos regards. Tous ces résultats sont consignés dans les livres théosophiques; mais ici nous ne nous occuperons que d'une question seulement, à savoir des renseignements nouveaux que ces études nous fournissent sur la vie au delà de ce que l'on nomme la mort et sur l'état de ceux qui jouissent de cette existence.

La première chose que nous apprenons est que la mort ne met pas fin à la vie, ainsi que nous l'avions cru par ignorance, mais qu'elle n'est que le passage d'un stade de vie à un autre. J'ai déjà dit que la mort était comparable au fait d'enlever un vêtement extérieur, un pardessus, mais qu'ensuite l'homme se trouvait revêtu quand même de son vêtement ordinaire, c'est-à-dire de son corps spirituel. Ce dernier, tout en étant beaucoup plus subtil (ce qui a fait que saint Pierre le nomme "spirituel"), est un corps quand même, et partant matériel, quoique la matière dont il est composé soit infiniment plus subtile que n'importe quelle matière généralement connue. Le corps physique sert à l'esprit de communication avec le monde physique. S'il n'avait pas ce corps comme instrument, l'esprit serait incapable de communiquer avec ce monde, de l'impressionner. Or, nous apprenons que le corps spirituel sert exactement au même but ; il sert d'intermédiaire entre l'esprit et le monde plus élevé, le monde "spirituel". Il ne faut pas croire cependant que ce monde spirituel soit quelque chose de vague, de lointain et d'inaccessible ; il n'est qu'une région supérieure du monde que nous habitons en ce moment. Je ne songe pas un seul instant à nier qu'il existe d'autres mondes, bien plus élevés et bien plus éloignés ; tout ce que j'affirme est que ce que l'on nomme la mort, n'a rien à voir avec ces mondes-là, et qu'elle n'est que le passage d'un état d'existence à un autre dans ce même monde que nous connaissons. On peut objecter que l'homme qui subit ce changement nous devient invisible : mais si vous vous donnez la peine de réfléchir, vous verrez que l'homme vous a toujours été invisible — ce que vous étiez habitué à voir n'était que le corps qu'il habitait. A présent, il habite un autre corps, plus subtil, qui est au delà de la portée de votre vision ordinaire, quoiqu'il ne soit point, de ce fait, nécessairement hors d'atteinte pour vous.

Le premier point qui doit être nettement compris, c'est que les "morts" ne nous ont pas quittés. Nous avons été élevés dans une croyance compliquée, qui de chaque décès fait un miracle isolé et surprenant, où l'âme, ayant quitté le corps, disparaît dans un ciel au delà des étoiles — sans qu'on nous dise quoi que ce soit du moyen mécanique qu'elle emploie pour franchir l'énorme espace dont il s'agit. Les procédés de la Nature sont merveilleux, sans contredit, et souvent incompréhensibles pour nous ; mais jamais ils ne sont contraires à la raison et au bon sens. Lorsque vous enlevez votre pardessus dans l'antichambre, vous ne vous trouvez pas soudain transporté sur quelque cime de montagne : vous restez à l'endroit précis où vous étiez auparavant, bien que votre apparence extérieure ait pu changer. De même aussi, quand l'homme quitte son corps physique, il reste exactement là où il était auparavant. Vous ne le voyez plus, il est vrai, néanmoins cela ne provient pas de ce qu'il soit parti, mais du fait que le corps dont il est revêtu n'est point visible à nos yeux physiques.

Vous savez sans doute que nos yeux ne perçoivent qu'un nombre fort minime des vibrations existant dans la nature ; et il s'ensuit que les seules substances que nous puissions voir sont celles qui reflètent les ondes perceptibles à notre vue physique. De même, la vision de notre "corps spirituel" dépend de la perception de certaines ondes, mais ces dernières sont d'un genre tout différent, étant donné qu'il s'agit d'une matière bien plus subtile. Si ces questions vous intéressent, vous les trouverez traitées en détail dans les livres théosophiques.

Pour le moment, tout ce qu'il nous importe de comprendre, c'est qu'au moyen du corps physique, on peut voir et entrer en rapport avec le monde physique seulement, tandis qu'au moyen du "corps spirituel" on peut voir et entrer en rapport avec le monde spirituel. Et souvenez-vous qu'il ne s'agit ici en aucun sens d'un autre monde, mais tout simplement d'une partie plus subtile de ce monde même. Il existe d'autres mondes, je le répète encore, mais ce n'est pas d'eux qu'il s'agit ici. L'être que vous croyez au loin est en réalité auprès de vous encore. Lorsque vous vous tenez l'un à côté de l'autre, vous dans votre corps physique et lui dans son corps "spirituel", vous n'êtes pas conscient de sa présence, parce que vous ne pouvez le voir ; mais, lorsque vous quittez votre corps physique pendant le sommeil, vous vous trouvez réuni à lui et pleinement conscient de sa présence, et votre union est sous tous les rapports aussi complète qu'elle ne l'a jamais été. Ainsi, pendant le sommeil, vous êtes heureux auprès de celui que vous aimez ; ce n'est que pendant les heures de veille que vous sentez la séparation.

Malheureusement, pour la plupart d'entre nous, il y a solution de continuité entre la conscience physique et la conscience du corps spirituel ; aussi, bien que dans la conscience spirituelle nous nous souvenions parfaitement de ce que nous connaissons dans notre conscience physique, il nous est difficile de rapporter dans cette conscience physique le souvenir de ce que l'âme fait pendant le sommeil du corps. Si ce souvenir était parfait, la mort pour nous n'existerait plus. Certaines personnes ont déjà atteint cet état de conscience spécial, et tous peuvent y arriver peu à peu ; car il fait partie du développement naturel des facultés de l'âme. Ce développement est déjà commencé chez bien des gens, et des fragments de souvenirs sont rapportés par eux au réveil ; mais il y a une tendance à les considérer comme des rêves seulement et, partant, sans valeur — tendance se manifestant surtout chez ceux qui n'ont pas étudié le problème des rêves et ne comprennent pas ce qu'ils sont en réalité.

S'il n'y a qu'un petit nombre de personnes possédant la vision et la mémoire intégrales, il y en a beaucoup cependant qui sont capables de sentir la présence de leurs bien-aimés, lors même qu'ils ne peuvent les voir ; et il y en a d'autres qui, sans rapporter de souvenir net, se réveillent avec une sensation de paix et de contentement résultant de ce qui s'est passé pour eux dans ce monde spirituel.

Souvenez-vous toujours que notre monde physique est inférieur à cet autre monde supérieur, et que l'inférieur, en ce cas, est inclus dans le supérieur. Dans la conscience spirituelle, vous vous souvenez parfaitement de tout ce qui s'est passé dans la conscience physique, car en quittant le corps physique pendant le sommeil, vous vous libérez d'une entrave, c'est-à-dire de l'obstacle que constitue le corps inférieur. Mais lorsqu'au réveil vous revenez à cette vie inférieure, vous voilez vos facultés supérieures et vous en perdez la mémoire. Il s'ensuit que si vous désirez communiquer quelque nouvelle à un ami décédé, vous n'avez qu'à la formuler très nettement dans votre esprit avant de vous endormir, avec la résolution ferme de lui en parler, et vous êtes sûr de le faire aussitôt que vous aurez rejoint votre ami. Il se peut que vous désiriez le consulter sur quelque sujet ; et dans ce cas, la solution de continuité entre les deux formes de conscience empêche de rapporter au réveil une réponse nette. Mais, lors même que vous ne pourriez rapporter de souvenir précis, vous vous réveillerez souvent avec une impression très forte de ce qu'est son désir ou sa décision ; et vous pouvez presque toujours vous fier à la justesse de cette impression. D'autre part, il est préférable de ne pas abuser de ces consultations ; car, ainsi que nous le verrons tout à l'heure, il est positivement fâcheux de troubler les morts dans leur monde supérieur par des affaires appartenant à la région de vie dont ils viennent d'être affranchis.

Ceci nous amène à considérer l'existence que mènent ceux que nous appelons les morts. Cette existence affecte bien des formes très différentes, mais on peut dire qu'elle est presque toujours plus heureuse que la vie terrestre ; ainsi que l'exprime une ancienne Ecriture sacrée : "Les âmes des justes sont dans la main de Dieu, et là, aucun tourment ne les atteint. Aux yeux des ignorants ils paraissent mourir, et leur départ est considéré comme un malheur; on croit qu'ils nous quittent pour aller vers l'annihilation; mais ils sont en paix." Il faut nous affranchir des théories surannées: l'homme qui meurt ne monte pas d'un bond dans un ciel impossible, il ne tombe pas non plus dans un enfer plus impossible encore. En réalité, il n'y a pas d'enfer dans l'horrible et ancienne acception de ce mot; et il n'existe, nulle part, d'autre enfer que celui que l'homme se crée à lui-même Tâchez de comprendre bien nettement que la mort ne produit aucun changement dans l'homme; il ne devient pas soudain un grand saint ou un ange, il ne se trouve pas brusquement en possession de toute la sagesse des siècles; le lendemain de sa mort, il est exactement le même homme qu'il était la veille avec les mêmes émotions, le même caractère, le même développement intellectuel. La seule différence est qu'il a perdu le corps physique.

Efforcez-vous de vous rendre nettement compte de ce que cela veut dire. Cela implique la suppression absolue de toute possibilité de douleur ou de fatigue; l'affranchissement de tous devoirs fastidieux; la liberté entière de faire (pour la première fois de sa vie, sans doute) ce qui lui plaît. Dans la vie physique, l'homme est sans cesse soumis â une contrainte; à moins d'appartenir à la petite minorité de ceux qui possèdent une fortune indépendante, il est astreint à un travail incessant pour gagner de l'argent — cet argent indispensable pour procurer la nourriture, les vêtements et l'abri à lui-même et à ceux qui dépendent de lui. Dans de rares cas, tel celui de l'artiste ou du musicien, le travail est une joie, mais pour la majorité, c'est une forme de labeur qui n'aurait pas été choisie et qui est imposée par l'impérieuse nécessité.

Dans le monde spirituel, l'argent n'est pas nécessaire, ni la nourriture, ni l'abri, car tous ses habitants ont la libre jouissance de sa splendeur et de sa beauté sans avoir â songer au prix ni à l'argent. Dans son corps spirituel, l'homme peut se mouvoir à son gré à travers la matière subtile : s'il aime les beaux paysages, la forêt, la mer, la montagne, il peut visiter à volonté les plus beaux sites de la terre ; s'il aime l'art, il peut passer son temps dans la contemplation des chefs-d'œuvre de tous les plus grands artistes ; s'il est musicien, il peut aller de l'un à l'antre des meilleurs orchestres du monde ou passer son temps à écouter les plus célèbres exécutants.

Quel qu'ait pu être sur terre son goût, spécial — sa marotte, pourrions-nous dire — il se trouve à présent absolument libre de s'y consacrer entièrement et de le développer autant qu'il est possible, pourvu toutefois que ce goût appartienne au domaine de l'intellect ou des émotions élevées et que pour le satisfaire il ne soit pas nécessaire de posséder un corps physique. On voit ainsi que tout homme raisonnable, sensé et de bonne vie se trouve infiniment plus heureux après la mort qu'il ne l'était avant, car il a tout le loisir voulu non seulement pour jouir, mais aussi pour faire des progrès réellement satisfaisants dans ce qui l'intéresse le plus.

N'y en a-t-il donc pas qui soient malheureux dans ce monde-là ? Si fait, car cette vie est la suite logique de la vie terrestre et l'homme reste sous tous les rapports tel qu'il était avant de quitter son corps physique. Si, sur terre, ses jouissances étaient basses et grossières, il se trouvera dans l'impossibilité de satisfaire ses désirs. Un ivrogne souffrira d'une soif inextinguible, puisqu'il n'a plus de corps à travers lequel il puisse l'étancher ; le gourmand sera privé des plaisirs de la table ; l'avare ne trouvera plus d'or à accumuler. Celui qui, pendant la vie terrestre, aura cédé à des passions indignes, se sentira rongé par leurs sollicitations. L'homme sensuel continuera à éprouver des désirs qui ne peuvent plus être assouvis, le jaloux souffrira les affres de la jalousie, d'autant plus cruelles qu'il lui est désormais impossible d'intervenir dans les actions de l'objet de sa jalousie. De tels êtres souffrent incontestablement — mais ceux-là seulement dont les passions et les appétits furent grossiers et matériels. Et même, eux aussi, ont encore leur avenir entièrement entre leurs mains. Il leur suffira de dominer ces passions pour être aussitôt affranchis de la souffrance produite par ces vains désirs. Souvenez-vous bien qu'il n'existe pas de châtiment : il n'y a que le résultat naturel dû à une cause d'un certain ordre ; il s'ensuit qu'il n'y a qu'à écarter la cause, et l'effet cesse — non pas toujours sur-le-champ, mais aussitôt que la force de la cause se trouve épuisée.

Il y a bien des personnes qui, sans avoir succombé à ces vices, ont néanmoins vécu d'une vie purement mondaine, sans autre intérêt que le "monde" et ses conventions, sans s'inquiéter d'autre chose que de leurs amusements. Ceux-là n'ont pas de souffrance positive dans le monde spirituel ; mais souvent ils s'y ennuient, ils y trouvent le temps long. Ils peuvent se réunir avec d'autres êtres de leur catégorie, néanmoins cela les distrait peu, d'habitude, car il n'y a plus l'intérêt des toilettes, des réceptions, etc. ; et les personnes d'un type supérieur qui seraient plus intéressantes et qu'ils voudraient atteindre, se trouvent, en général, occupées ailleurs et quelque peu inaccessibles. Mais tout homme possédant quelque intérêt intellectuel ou artistique se trouvera infiniment plus heureux hors du corps physique que dans ce corps ; et il faut se souvenir que dans le monde spirituel il est toujours possible à l'homme de développer un tel intérêt, s'il a la sagesse de désirer le faire.

Les tempéraments d'artistes et les intellectuels sont infiniment heureux dans cette vie nouvelle ; plus heureux encore sont, je crois, ceux dont sur terre l'intérêt principal et le plus grand bonheur furent d'aider, d'assister et de secourir leurs semblables. Car bien qu'il n'y ait plus dans le monde spirituel ni pauvreté, ni faim, ni soif, ni froid, il y a là des douleurs à consoler, des ignorants à instruire. Par le fait même qu'en Occident on est si ignorant de tout ce qui concerne l'au-delà, nous trouvons dans le monde spirituel un très grand nombre de gens qui ont besoin d'être instruits et éclairés sur les possibilités offertes par leur vie nouvelle ; et celui qui sait davantage peut répandre autour de lui l'espoir et l'encouragement, aussi bien là qu'ici. Mais souvenez-vous toujours qu'ici et là ne sont que des mots dont l'emploi est dû à notre aveuglement: le monde spirituel est toujours ici même, il nous entoure en tout temps et il ne faut jamais nous le représenter comme étant éloigné ou d'accès difficile.

Les morts nous voient-ils? pourra-t-on demander; entendent-ils ce que nous disons? Sans aucun doute, ils nous voient, en ce sens qu'ils sont toujours conscients de notre présence, qu'ils savent si nous sommes heureux ou malheureux; mais ils n'entendent pas les paroles que nous disons et ne sont pas non plus conscients en détail de nos actions physiques. Un instant de réflexion nous montrera les limites de ce qu'ils peuvent voir. Ils habitent ce que nous avons appelé le "corps spirituel" — un corps qui existe en nous-mêmes et qui, en ce qui concerne l'apparence, est un double exact du corps physique; mais pendant nos heures de veille, c'est dans le corps physique exclusivement que notre conscience est centrée. Nous avons déjà dit que seule la matière physique est perçue par le corps physique, de même le corps spirituel ne perçoit que la matière subtile du monde spirituel. Par conséquent, tout ce que le disparu peut voir de nous, c'est notre corps spirituel; et celui-là, il le reconnaît sans aucune difficulté. Pendant notre sommeil, notre conscience se sert de ce corps, et à ce moment-là, en ce qui concerne le défunt, nous sommes éveillés. Mais lorsque nous transférons notre conscience dans le corps physique pour nous réveiller à la vie terrestre, il semble au défunt que nous nous endormons; car bien qu'il continue à nous voir, nous ne faisons plus attention à lui et ne sommes plus en état de communiquer avec lui. Lorsqu'un ami vivant s'endort devant nous, nous sommes parfaitement conscients de sa présence, mais ne pouvons, à ce moment, communiquer avec lui. Or c'est là exactement ce qui, aux yeux des morts, se passe pendant nos heures de veille. D'habitude nous ne pouvons pas, à l'état de veille, nous souvenir de ce que nous avons vu pendant notre sommeil, c'est pourquoi nous avons l'illusion d'avoir perdu nos morts; mais eux n'ont jamais l'illusion de nous avoir perdus, car ils peuvent nous voir tout le temps. Pour eux la seule différence consiste en ce que nous sommes avec eux pendant la nuit terrestre et loin d'eux pendant le jour; alors que, pendant leur vie sur terre, c'était le contraire.

Or, ce corps que, d'après saint Paul, nous avons désigné par le nom de "corps spirituel" (et qui est plus fréquemment nommé "corps astral" sert tout spécialement de véhicule à nos sentiments et à nos émotions. Ce sont donc, nos sentiments et nos émotions qui apparaissent le plus nettement aux yeux des morts. Si nous sommes joyeux, ils le remarquent aussitôt, sans toutefois connaître nécessairement la raison de cette joie; si la tristesse s'empare de nous, ils s'en rendent compte aussitôt et la partagent, même s'ils ne savent pas pourquoi nous sommes tristes.

Tout ceci, bien entendu, pendant nos heures de veille; quand nous sommes endormis, ils communiquent avec nous aussi librement qu'ils le faisaient jadis sur terre. Ici, dans la vie physique, nous pouvons dissimuler nos sentiments : dans ce monde supérieur, cela est impossible, parce qu'ils se manifestent sur-le-champ par un changement visible. Un grand nombre de nos pensées étant étroitement liées à nos sentiments, la plupart d'entre elles sont aussi nettement perceptibles dans ce monde-là; mais toute pensée d'ordre abstrait y est encore invisible.

Vous direz que tout cela ressemble fort peu au ciel et à l'enfer dont on nous parlait dans notre enfance; c'est là néanmoins la réalité des faits qui se trouvaient voilés par ces mythes. En vérité l'enfer n'existe pas; cependant l'on comprend que l'ivrogne et l'homme sensuel se préparent un état qui s'en rapproche étrangement. Toutefois cet état n'est pas éternel; il ne dure que tant que leurs désirs ne sont pas épuisés; ils peuvent à tout moment y mettre fin, s'ils sont assez forts et assez sages pour dominer ces aspirations terrestres et pour s'élever entièrement au-dessus d'elles. C'est là la vérité qui se trouve à la base de la doctrine Catholique Romaine concernant le purgatoire : c'est cette idée qu'après la mort le mal dans l'homme doit être en quelque sorte brûlé par un certain degré de souffrance, avant qu'il ne se trouve en état de jouir de la félicité du ciel.

Il y a un deuxième état, plus élevé, de la vie après la mort qui correspond fort bien à une conception raisonnable du ciel. Ce niveau plus élevé est atteint lorsque tous les désirs inférieurs ou égoïstes ont entièrement disparu ; alors l'homme passe à un état d'extase religieuse ou d'intense activité intellectuelle d'ordre supérieur, selon la nature et selon la direction dans laquelle il avait orienté ses forces pendant sa vie terrestre. C'est pour lui une période de la plus haute félicité, d'une compréhension infiniment plus vaste, une période dans laquelle il se rapproche de la réalité. Et cette joie est le partage de tous, non pas seulement de ceux qui furent spécialement pieux.

Il ne faut aucunement considérer cet état comme une récompense, mais encore une fois, comme le résultat inévitable du caractère développé pendant la vie terrestre. Si l'homme est sans égoïsme, s'il possède une haute culture artistique ou intellectuelle, l'inévitable résultat d'un tel développement sera cette félicité dont nous venons de parler. Il faut se souvenir que ce sont là des états successifs d'une même vie ; et de même que la conduite d'un homme dans sa jeunesse crée en grande partie les conditions de vie de son âge mûr et de sa vieillesse, de même la conduite d'un homme pendant sa vie terrestre détermine sa condition pendant ces états posthumes. Cet état de félicité est-il éternel ? demanderez-vous. Non, car, ainsi que je l'ai dit, il est le résultat de la vie terrestre, et une cause finie ne peut jamais produire un résultat infini, éternel.

La vie de l'homme est infiniment plus longue et plus vaste que vous ne le supposiez. L'Etincelle issue de Dieu doit retourner à Dieu ; et nous sommes bien loin encore d'avoir atteint cette plénitude de Divinité. Toute vie évolue : l'évolution est la loi Divine, et lentement, sûrement, l'homme évolue et croît, en même temps que toutes choses. Ce que l'on considère d'habitude comme la vie d'un homme, n'est en réalité qu'une journée de sa vraie vie, bien plus longue. Dans la vie terrestre, l'homme se lève chaque matin, endosse ses vêtements et s'en va à son travail ; ensuite, lorsque descend la nuit, il enlève ces vêtements et se repose, pour se lever de nouveau le lendemain et reprendre son travail au point où il l'avait laissé. De même, quand l'homme naît à la vie physique, il se revêt d'un corps physique, puis, son temps de travail fini, il se dépouille de ce vêtement dans ce qu'on appelle "la mort" et il passe à l'état plus reposant que j'ai décrit ; ce temps de repos achevé, il reprend à nouveau le vêtement d'un corps et commence une nouvelle journée de vie physique, reprenant son évolution au point où il l'avait laissée. Et cette longue vie qui est sienne dure jusqu'à ce qu'il ait atteint la divinité qui est le but marqué pour lui par le Créateur.

Il se peut que tout ceci vous soit nouveau et, par conséquent, vous paraisse étrange et absurde. Cependant tout ce que j'ai dit a été, à maintes reprises, soumis à l'examen et à l'épreuve, et peut être prouvé; mais si vous désirez approfondir ce sujet, il vous faut étudier les livres qui en parlent, car dans une courte brochure sur un sujet spécial, je ne puis qu'énoncer les faits, sans m'attarder à en énumérer les preuves.

Peut-être demanderez-vous si les morts ne sont pas troublés d'inquiétude pour ceux qu'ils laissent derrière eux. Cela arrive parfois, et cette inquiétude est une cause de retard dans leur progrès; aussi devrions-nous, autant que possible, éviter d'en fournir l'occasion. L'homme décédé devrait se trouver entièrement affranchi de toute préoccupation concernant la vie qu'il vient de quitter, afin de pouvoir se consacrer entièrement à l'existence nouvelle dans laquelle il vient d'entrer. Il faudrait, par conséquent, que ceux qui, dans le passé, se reposaient sur ses conseils, s'efforcent de penser et de se guider eux-mêmes ; car en continuant à dépendre de lui mentalement, ils ne feraient que resserrer les liens l'attachant à un monde dont il s'est détourné pour le moment. Aussi est-ce tout spécialement une bonne action que de prendre soin des enfants qui restent orphelins : on fait ainsi du bien non seulement aux enfants, mais on délivre ainsi les parents décédés d'un grand souci et on les aide par cela même à suivre la voie ascendante qui s'ouvre devant eux.

Si pendant sa vie terrestre le défunt avait eu certaines croyances religieuses, aussi blasphématoires qu'erronées, il arrive parfois qu'il souffre de terreurs concernant sa destiné future. Dans le monde spirituel il y a, fort heureusement, bien des hommes ayant pris pour tâche spéciale de chercher ceux qui souffrent d'une illusion semblable et de les en affranchir en leur expliquant les faits tels qu'ils sont. Il y a non seulement des hommes décédés qui font ce travail, mais parmi ceux qui vivent sur terre, il y en a aussi un grand nombre qui, chaque nuit pendant le sommeil de leur corps physique, consacrent leur temps au service des morts, s'efforçant de les délivrer de toute crainte et de toute souffrance, en leur expliquant la vérité dans toute sa beauté. Toute souffrance provient de l'ignorance ; l'ignorance dissipée, la souffrance disparaît.

Un des cas les plus douloureux de perte apparente est lorsqu'un enfant quitte ce monde physique, et que ses parents voient sa place vide au foyer, qu'ils n'entendent plus le gazouillement de la voie aimée. Quel est le sort des enfants dans ce monde spirituel si nouveau et si étrange ? De tous ses habitants, ils sont peut-être les plus heureux, et ce sont eux qui s'y sentent le plus immédiatement et entièrement à leur aise. Souvenez-vous qu'ils ne perdent pas les parents, les frères, les sueurs, les camarades qu'ils aiment ; la seule différence est qu'ils les ont avec eux pendant ce que nous appelons la nuit, au lieu de les avoir pendant le jour ; de sorte qu'ils n'ont aucun sentiment de séparation ou de perte. Pendant nos journées terrestres ils ne sont jamais seuls, car, dans l'au-delà comme sur la terre, les enfants se réunissent et s'amusent ensemble dans des Champs Elyséens remplis de délices. Nous savons combien sur terre un enfant s'amuse à "faire semblant", à représenter tel ou tel héros ou personnage, à jouer le rôle principal de toute sorte d'aventures merveilleuses et fantastiques. Dans la matière subtile de ce monde spirituel, les pensées prennent une forme visible, et l'enfant, qui s'imagine être un certain héros, prend momentanément l'apparence de son personnage. S'il rêve d'un palais enchanté, sa pensée peut construire ce palais. S'il désire une armée à commander, cette armée aussitôt se présente à ses regards. Aussi, parmi les défunts, les enfants sont-ils toujours remplis de joie, parfois même d'un bonheur exubérant et débordant.

Et les enfants d'un tempérament différent, ceux dont les pensées se tournent plutôt vers les sujets religieux — ceux-là aussi ne manquent jamais de trouver ce qu'ils désirent. Car les anges et les saints des légendes de jadis existent en réalité, ce ne sont pas seulement de pieuses fictions; et ceux qui ont besoin d'eux, ceux qui croient en eux, sont infailliblement attirés vers eux et les trouvent plus tendres et plus radieux que jamais leur imagination n'avait pu les concevoir. Il y a d'autres enfants encore qui veulent voir Dieu Lui-même, Dieu sous une forme matérielle; eux non plus ne sont pas désappointés: des instructeurs d'une douceur et d'une tendresse infinies leur apprennent que toute forme est celle de Dieu, car Dieu est partout et ceux qui s'efforcent de servir et d'aider même la plus infime de Ses créatures, sont en vérité en train de L'aider et de Le servir Lui-même. Les enfants aiment à se rendre utiles, ils aiment aider et consoler: un vaste champ de ce genre d'activité s'ouvre à eux dans ce monde-là parmi les ignorants; et tandis qu'ils se meuvent à travers ces radieux espaces, accomplissant leur ministère de compassion et d'amour, ils apprennent la réalité de la glorieuse parole de jadis : "Tout ce que vous aurez fait au plus petit de ceux-ci, Mes frères, vous l'aurez fait à Moi-même."

Et les petits bébés, ceux qui sont encore trop jeunes pour s'amuser ? Soyez sans crainte pour eux, car plus d'une mère dans l'au-delà est prête à les serrer contre son cœur, à les accueillir et à les aimer comme s'ils étaient ses propres enfants. D'habitude ces tout-petits ne se reposent que peu de temps dans le monde spirituel, pour retourner ensuite sur terre, souvent chez les mêmes père et mère. Les moines du Moyen âge avaient inventé une légende tout spécialement cruelle, en prétendant qu'un enfant mourant sans baptême était à jamais perdu pour ceux qui l'aimaient. Le baptême est un sacrement réel et qui a son utilité ; cependant personne ne devrait manquer d'esprit scientifique au point de se figurer que l'omission d'une formalité extérieure, quelle qu'elle soit, puisse modifier l'action immuable des lois Divines, ni changer en un tyran impitoyable Dieu qui est tout amour.

Nous n'avons parlé jusqu'ici que de la possibilité de communiquer avec les morts en s'élevant à leur niveau pendant le sommeil physique — ce qui est la voie naturelle et normale. Il y a aussi, bien entendu, la méthode anormale du Spiritisme, au moyen de laquelle les morts reprennent un instant le voile de matière dense et redeviennent ainsi visibles à nos yeux physiques. Les étudiants de l'Occultisme ne recommandent pas ces pratiques, d'une part parce qu'elles retardent souvent le défunt dans son évolution, d'autre part aussi parce que cette méthode est peu sûre, présentant, ainsi qu'elle le fait, tant de risques de tromperie et de déception. Ce sujet est bien trop vaste pour le cadre de cette brochure, mais je l'ai traité en détail dans un livre intitulé L'autre côté de la mort. On y trouvera aussi plusieurs exemples, où des morts reviennent spontanément à ce monde inférieur et se manifestent de diverses façons — généralement parce qu'ils désirent que nous fassions quelque chose pour eux. Dans tous les cas de ce genre, le mieux est de s'efforcer de découvrir le plus vite possible, quelle est la chose qu'ils désirent et de la faire s'il y a moyen, afin de leur rendre le repos de l'âme.

Si vous avez pu assimiler ce que je viens d'exposer, vous comprenez à présent que, bien qu'il soit naturel pour nous d'éprouver du chagrin à la mort de nos proches, ce chagrin est une erreur et un mal, et qu'il nous faut le dominer. Il n'y a pas à les pleurer, car ils sont passés à une vie plus vaste et plus heureuse. Si nous nous attristons sur la séparation imaginaire, nous pleurons premièrement sur une chose illusoire, puisque en vérité ils ne sont pas séparés de nous ; et en second lieu, nous agissons en égoïstes, car nous pensons plus à ce que nous avons perdu en apparence, qu'au grand bien qu'ils ont gagné en réalité. Il faut nous efforcer de rejeter tout égoïsme : le véritable amour n'en contient pas. Nous devons penser à eux et non pas à nous-mêmes — non pas à ce que nous désirons, à ce que nous ressentons, mais uniquement à ce qui est le meilleur pour eux et le plus utile à leur progrès.

Si nous pleurons, si nous sommes sombres et déprimés, il émane de nous comme un lourd nuage qui pour EUX assombrit le ciel. L'affection même qu'ils ont pour nous et qui leur fait partager nos impressions, les rend susceptibles de subir cette influence néfaste. Cette puissance que nous donne sur eux leur affection, nous pouvons l'employer à les aider au lieu de les entraver : il nous suffit de le vouloir. Mais pour ce faire, il faut du courage et de l'abnégation. Il faut entièrement nous oublier nous-mêmes dans notre ardent désir d'aider le plus possible nos morts bien-aimés. Chacune de nos pensées, chacun de nos sentiments les influence ; aussi nous faut-il veiller à ce qu'il n'y ait en nous aucune pensée étroite, aucune qui ne puisse aider, élever et purifier.

S'il est probable qu'ils ressentent quelque inquiétude sur notre compte, soyons aussi calmes que possible, afin de pouvoir les rassurer et leur prouver qu'ils ne doivent point avoir de souci à notre sujet. Si, pendant leur vie physique, ils ont été privés de renseignements détaillés et précis quant à la vie après la mort, efforçons-nous d'assimiler nous-mêmes ces détails et de les leur transmettre dans nos conversations de la nuit. Puisque nos pensées et nos sentiments se reflètent en eux, veillons à ce que ces sentiments et ces pensées soient encourageantes et constamment de nature élevée. "Connaissant ces choses, bienheureux êtes-vous si vous les mettez en pratique."

Essayez de comprendre l'unité en tous: il n'y a qu'un Dieu et tous sont un en Lui. Si nous réussissons à nous pénétrer de l'unité de cet Eternel Amour, il n'y aura pour nous plus de tristesse. Car nous comprendrons, non pas seulement en ce qui nous concerne nous-mêmes, mais aussi pour tous ceux que nous aimons, que, vivants ou morts, nous sommes au Seigneur; qu'"en Lui nous vivons, nous nous mouvons et nous avons notre existence", soit en ce monde-ci ou dans le monde à venir. L'attitude de deuil est une attitude d'incrédulité, une attitude d'ignorance. Plus nous saurons, plus entière deviendra notre confiance, car nous sentirons avec une certitude absolue qu'aussi bien nous-mêmes que nos morts, nous sommes entre les mains de la Puissance et de la Sagesse parfaites, dirigées par le parfait Amour.

Charles Webster Leadbeater
(16 février 1854 - 1er mars 1934)

Charles Webster Leadbeater était un membre influent de la Société Théosophique, auteur de sujets occultes et co-initiateur de l'Église Catholique Libérale. À l'origine un prêtre de l'Église d'Angleterre, son intérêt pour le spiritualisme l'a amené à mettre fin à son affiliation à l'Anglicanisme en faveur de la Société Théosophique où il s'associa à Annie Besant. Leadbeater a écrit plus de 69 livres et brochures. Ses efforts en faveur de la société lui ont assuré son statut d'un de ses principaux membres jusqu'à sa mort en 1934.

www.ingramcontent.com/pod-product-compliance
Lightning Source LLC
Chambersburg PA
CBHW061301040426
42444CB00010B/2462